新雅 • 成長館

情緒 小管家

# 管理憤怒，我也會

吉爾・赫遜　著

莎拉・詹寧斯　繪

人人都會生氣，大人也一樣啊。

但你可以找方法來控制憤怒，令心情平復下來！

這本書會告訴你很多應付憤怒的方法。

發怒真沒趣啊。

新雅文化事業有限公司

www.sunya.com.hk

**新雅‧成長館**

**情緒小管家：管理憤怒，我也會**

作　　者：吉爾‧赫遜（Gill Hasson）
繪　　圖：莎拉‧詹寧斯（Sarah Jennings）
翻　　譯：何思維
責任編輯：陳志倩
美術設計：鄭雅玲
出　　版：新雅文化事業有限公司
　　　　　香港英皇道499號北角工業大廈18樓
　　　　　電話：（852）2138 7998
　　　　　傳真：（852）2597 4003
　　　　　網址：http://www.sunya.com.hk
　　　　　電郵：marketing@sunya.com.hk
發　　行：香港聯合書刊物流有限公司
　　　　　香港荃灣德士古道220-248號荃灣工業中心16樓
　　　　　電話：（852）2150 2100
　　　　　傳真：（852）2407 3062
　　　　　電郵：info@suplogistics.com.hk
印　　刷：中華商務彩色印刷有限公司
　　　　　香港新界大埔汀麗路36號
版　　次：二○二○年七月初版
　　　　　二○二二年一月第三次印刷

ISBN: 978-962-08-7546-5

Original Title: *KIDS CAN COPE : Take Charge of Anger*
First published in Great Britain in 2019 by The Watts Publishing Group
Copyright in the text Gill Hasson 2019
Copyright in the illustrations Franklin Watts 2019
All rights reserved.
Edited by Jackie Hamley
Designed by Cathryn Gilbert

Franklin Watts, an imprint of Hachette Children's Group
Part of The Watts Publishing Group
Carmelite House
50 Victoria Embankment
London EC4Y 0DZ
An Hachette UK Company
www.hachette.co.uk
www.franklinwatts.co.uk

Traditional Chinese Edition © 2020 Sun Ya Publications (HK) Ltd.
18/F, North Point Industrial Building, 499 King's Road, Hong Kong
Published in Hong Kong, China
Printed in China

# 目錄

# 憤怒是什麼？

　　憤怒就是感到生氣，當生活上遇到一些事情跟你想像的不同，例如事情變得很壞、遇上不公平的事，或者別人錯怪了你，憤怒的情緒便可能會出現。

　　你會憤怒，也可能是因為你得不到想要的東西，或別人沒有遵守承諾。

　　當你受了驚或受了傷，你可能會生氣；當你遺失或摔破了東西，你可能會憤怒；當你不明白或做不到一些事情的時候，你也可能會發怒。

太不公平了！

你答應過我的！

這些事情都可以導致憤怒的想法和感受。

有時候，憤怒會慢慢形成，然後變得越來越強烈，於是你會越來越生氣；有時候，當事情一發生，你馬上就會生氣了。

無論是哪種情況，通常在你發現之前，你已經生氣得無法控制自己，結果說了一些話，或做了一些事情，讓情況變得更糟糕。

# 憤怒是壞事嗎？

　　憤怒不是壞事，也不是錯事。人人都有生氣的時候，但如果生氣會令事情變得更糟糕，這就會成為問題。你可能會亂摔或損壞東西，或讓自己遇上麻煩。如果你因為發怒而傷害和嚇怕自己跟別人，或你經常生氣，這些都是問題。

你要學會處理憤怒，懂得控制怒氣。要是你能夠好好控制自己的情緒，憤怒也可以變得很有用，它能夠推動你去改變一些錯誤、不合理的事情。

你不友善，讓我很生氣，請不要再這樣做了！

# 生氣時，你會有什麼感覺？

　　卡通人物生氣時，耳朵會冒煙，眼睛會鼓起來，身體也會膨脹發紅。

　　你生氣時，耳朵會冒煙嗎？當然不會！

不過，你的身體可能會發熱，心臟開始怦怦地跳，也許你還會覺得頭和身體好像快要爆炸般。當你有這些感覺時，你會怎樣做呢？

上下跳動？踢腳蹬地？發出砰砰嘭嘭的聲音？大哭大叫？大吵大鬧？推跌東西？拉拉扯扯？拍打物件？

有時候，你可能會壓抑着怒氣。也許你什麼話都不說，什麼事都不做，只是咬牙切齒，握緊拳頭，但其實心裏氣壞了！

# 如果別人不明白……

　　有時候，別人不明白你為什麼生氣，或不想聽你解釋生氣的原因。

　　他們可能也因而感到憤怒，或只會叫你冷靜下來。

　　他們可能會不理睬你，或嘲笑你，這樣你可能會更生氣、更不耐煩！

請你冷靜下來吧。

事實上，你不能強逼別人跟着你的意願去做，不能讓事情總是如你所願般發生，也不能讓所有事情都變得公平、合理。

不過，在你的能力範圍之內，還是有可以做的事情呢！你可以學會控制憤怒的方法，令自己的心情舒暢一點。

# 怒氣警告信號

　　回想一下你某次生氣的經歷，當你生氣時會出現什麼想法？你能感受到心在怦怦直跳，肚子裏翻騰着嗎？你想打人、大叫嗎？你是否覺得很熱，熱到快爆炸似的？這些反應就是你的「怒氣警告信號」。

當一些感受、想法、說話和行動出現，讓你知道自己在生氣，這些就是「怒氣警告信號」，它們就像身體裏的鬧鐘一樣。鬧鐘響起，告訴你該起牀了；同樣地，怒氣警告信號提醒你要注意，你開始發怒了！

你知道自己有哪些「怒氣警告信號」嗎？你會怎樣應付憤怒呢？

# 慢慢來，想一想

　　當你發怒時，腦袋裏會充滿生氣的念頭，好像再也沒有空間裝下其他有用的想法。

　　憤怒可以來得很快，但如果你懂得放慢一點，你的腦袋就能再次容納有用的想法。

　　這樣的話，你就能控制憤怒，好好地想清楚事情。那麼你該怎樣做，才能放慢一點呢？

# 按下「暫停鍵」

　　離開讓你生氣的現場，到別的地方休息，這樣就能給予自己時間冷靜下來，平復心情，並好好地想清楚，找出辦法來解決問題。離開現場，休息一下——這個做法跟按下「暫停鍵」很相似呢。

　　可以的話，你不妨到一個安靜的地方，那個地方是你喜歡和感到安全的。

　　如果你在家中，可以到自己的睡房或其他房間，也可以去洗個澡。

如果你在公園裏，
可以到另一處玩耍。

如果你在課室裏，可
以試着問老師能否讓你在
一個安全、安靜的地方待
一會兒。

在生氣的時候讓自己離開現場，休息一下，這不
是每次都能輕易做到的事。你想到能跟自己說些什麼，
讓自己暫停下來呢？或許你可以試試說「停吧」、「暫
停」、「休息一下」或「離開」。

# 轉移注意力

　　即使你不能離開讓你生氣的現場，你也可以讓腦袋遠離憤怒的想法，容納更多冷靜、有用的想法。

　　以下有一些幫助你消除怒氣的建議：

　　你可以一邊吸氣，一邊在心裏由一數到四；然後一邊呼氣，一邊在心裏由一數到四。每當你呼氣時，想像自己把所有熱騰騰的怒氣都呼出來。

　　重複這組動作幾次，這樣呼吸能幫助你放慢一點，平息怒氣。

你也可以把A至Z的英文字母以倒序的方式唸出來，然後重複說「我能夠冷靜下來」或「我能夠控制自己」。

我能夠冷靜下來。

或者在心裏唱一首歌，直到你能冷靜下來。你也可以把注意力集中在你面前的東西，例如圖書、玩具等。

阿里很生氣，因為貝兒不肯讓他用電腦。為了不讓自己的憤怒失控，阿里走到課室的另一邊，呼出怒氣，直到自己回復平靜，並想想接下來該怎樣做。

離開現場！

# 抒發怒氣

有時候，為了抒發怒氣，你可能想拳打腳踢，或摔破、撕碎東西。可是，你需要以安全的方式來消耗憤怒的力量，這樣才不會傷害到自己或別人，也不會讓自己遇上麻煩。

生氣的時候，你可以跺腳或奔跑。踢球、投球、跳繩和大字跳也很有用呢。

你可以跟隨音樂，跳一支「憤怒舞」。

你可以用盡全力擠枕頭，想像自己正把身體裏的怒氣擠出來。

你也可以放聲大哭，讓自己難過一會兒，把怒氣發洩出來。

## 説出感受

　　另一個抒發怒氣的好方法是跟別人傾訴。你可以跟父母或其他家人談談，也可以跟老師或朋友聊聊，向他們表達出你真的很生氣，希望他們能花幾分鐘的時間，聽聽你的心底話。

　　如果你找不到別人來傾訴，也可以嘗試跟寵物或玩具說出自己的感受。

把生氣的事情說出來，對你很有幫助。跟你聊天的人也許能提供一些建議，幫助你應付問題。雖然你的寵物和玩具不會說話，卻是很好的聆聽者呢！這也能讓你的心情好一點。

要是你不能跟熟悉和信任的大人說，例如家人和老師，你也可以尋找一些專業輔導機構的幫忙，你可以在本書的第30頁找到這方面的資料。

我很生氣！貝兒說過，今天輪到我用電腦，現在她卻說我不可以用！

## 解決問題

　　如果你能夠解決那個令你生氣的問題，就試着解決吧。首先，你要想清楚究竟問題出在哪裏，是什麼令你開始有生氣的念頭？然後，想一想你希望事情會怎樣發展。你想改變什麼嗎？你有什麼想法？你可以自己解決問題，還是需要別人幫忙？

蘇菲很生氣，因為妹妹艾娜走進她們的睡房，並把蘇菲的恐龍模型摔破了。蘇菲跟媽媽說，當自己不在家時，不希望艾娜到睡房去。媽媽告訴她這樣的提議並不可行，請她再想另一個辦法。

於是，蘇菲又提議把自己重要的東西放在艾娜拿不到的地方，媽媽覺得這是個好主意。蘇菲修補恐龍模型後，便把它放在衣櫃頂上，這樣艾娜便碰不到了。

# 製作個人計劃

　　有什麼事情會經常使你生氣呢？或許你可以嘗試製作一個計劃，解決這個問題。

　　你可以請大人或朋友替你想一想，當你生氣時可以做些什麼，然後一起計劃。當你們想好後，再把計劃寫下來或畫出來。

　　記得把計劃貼在當眼的地方，這樣便可以隨時提醒自己。你也可以跟別人一起練習實行計劃。如果同一件讓你生氣的事情再次發生，你會說些什麼呢？為了不再讓憤怒控制你，你會作出哪些改變？

　　如果問題再次發生，而你開始留意到自己發出「怒氣警告信號」，就要告訴自己：「停！要實行計劃！」

# 讓怒氣離開

有時候，你能夠找出問題，好好計劃如何解決；但有時候，你知道有些問題是自己解決不了的。

你可能會覺得，為那些事情憤怒並不值得。你明白到生氣只會令自己難受，於是決定讓怒氣離開。

讓怒氣離開，即是要告訴自己根本不需要發怒，也用不着叫罵和生悶氣。因為憤怒而傷害別人或破壞事情，這樣做一點都不值得。與其浪費時間來生氣和傷心，你可以選擇做一些積極的事情。

讓怒氣離開，也代表你告訴自己，是時候想想和做做別的事情了。

# 管理憤怒，我也會

　　現在，你應該知道有哪些方法能幫助你控制怒氣，讓心情平靜、快樂一點。讓我們一起重溫這些方法吧：

- 留意自己發出的「怒氣警告信號」。
- 運用一些方法來幫助自己想清楚。你可以停一停、數數字、深呼吸、唱唱歌，或做一些靜態的活動。
- 以安全的方式來消耗憤怒的力量，例如擠枕頭。
- 跟信任的人說出自己的感受。
- 如果可以的話，解決那些讓你生氣的問題。你可以嘗試自己解決，也可以請別人幫忙。
- 製作一個計劃，幫助自己控制憤怒。
- 如果你改變不了令你生氣的事，或你發現原來事情其實沒什麼大不了，就把事情放下，讓怒氣離開。

　　如果你的憤怒大得難以應付，就要請大人幫忙。除了尋找認識的人幫助外，你亦可以向提供兒童輔助服務的機構查詢，以下是一些機構例子：

- 社會福利署（https://www.swd.gov.hk）
- 東華三院（https://www.tungwahcsd.org）
- 香港小童群益會（https://www.bgca.org.hk）
- 香港保護兒童會（https://www.hkspc.org）
- 香港明愛家庭服務（https://family.caritas.org.hk）

請記住，生氣不是壞事，我們總會有生氣的時候。

好消息是你現在已經學會了察覺自己的「怒氣警告信號」……

還懂得如何控制怒氣呢！

# 活動

　　以下的畫畫和寫作活動能幫助你去思考如何應付憤怒。你可以把圖畫和寫下的文字跟這本書放在一起，以便看到自己想出來的應付憤怒的方法。

- 對着鏡子，裝出生氣的樣子，然後畫下來。

- 回想某次發怒的經歷，是不是誰說了一些話，或做了一些事情，令你感到生氣呢？你當時有什麼感覺？你說了什麼話？做了什麼事情？你可以畫一幅圖畫，或寫一個故事，把那次經歷記錄下來。

- 你覺得自己會發出哪些「怒氣警告信號」？你可以把生氣時的身體變化畫下來。

- 寫一張清單，記錄你喜歡做的事情，能讓你不再想着那些生氣的事，讓腦袋能容納更多有用的想法。

- 羅莎很生氣，因為媽媽責怪她把朱古力掉在沙發上，但羅莎知道其實是弟弟小賓做的，你覺得她應該怎樣做呢？

- 拉斐不懂得做數學功課，這使他既生氣又難過，你可以幫他想辦法嗎？

- 以下這些問題，哪些是你能夠嘗試解決？哪些是你改變不來，或根本沒什麼大不了，可以不用理會呢？

  - 爸爸催促你出門，但是你找不到外套。

  - 你的朋友不能到你的家過夜，因為他的媽媽不允許。

  - 老師跟你說，她想你幫忙收拾課室，請你別到操場玩耍。

  - 你的哥哥總是取笑你，說你像個嬰兒。

  - 你發現心愛的衣服有一個破洞。

  - 小息時，你的同學不讓你跟他們一起玩耍。

# 給老師、家長和照顧者的話

錯過了機會、被人排斥、被人錯怪、感到不安或害怕，這些只是部分會讓孩子生氣的原因。生氣是可以的，想糾正錯誤或不公平的事也可以理解，但是如何處理生氣所帶來的強烈情緒，以及如何避免令事情變得糟糕，這就不容易了。

孩子發怒時，跟大人一樣，他們可能會變得無理取鬧，說話和行為不合邏輯。憤怒取代了理智，使他們不能以冷靜、合理的方式思考。孩子需要學習一些有效的技巧和方法，讓自己冷靜下來，控制情緒。《管理憤怒，我也會》正是探討幫助孩子控制憤怒的方法。

雖然你的孩子可以自己讀這本書，但如果你能跟孩子一起閱讀，大家的得益就更大了。閱讀時，你可以跟孩子談談，有哪些事情會使他們生氣。

你要幫助孩子辨認他們的「怒氣警告信號」。如果你發現孩子開始發出信號，就要提醒他們，是時候要嘗試控制憤怒了。有很多方法能協助孩子冷靜下來、控制情緒，而你亦可以參與其中，例如協助他們製作一個應付憤怒的計劃，提議如何安全地抒發怒氣，以及建議他們如何讓腦袋遠離生氣的想法。

你的孩子可能會喜歡一口氣把這本書讀完，但有些孩子較喜歡每次讀幾頁，這樣他們會較易掌握和明白書中的內容。無論是哪個方法，你都可以找到很多話題來跟他們討論。你可以跟孩子談談圖畫裏的人物，問問孩子：你試過有這種感覺嗎？你覺得這個方法怎麼樣？這個方法怎樣幫助到你？

孩子發怒後，如能花點時間想想後來事情怎樣發展，可使他們更了解自己，並明白哪些做法對他們有用，哪些做法無用。不管孩子所作的努力有多少，你都要稱讚他們，以提升孩子的信心，讓他們相信自己能控制憤怒。如果事情的結果不理想，你可以跟孩子討論，重來一遍的話會有哪些不同的做法。

讀過這本書和確認了哪些方法能幫助孩子後，你可以重溫本書內容，提醒自己還有哪些方法和建議有助孩子應付憤怒。如果你願意對孩子付出時間、耐心、支持和鼓勵他們，孩子一定能學會更好地應付憤怒。如果你擔心孩子因經常發怒而不受控制，影響到自己和別人，不妨徵詢醫生或專家的意見。